LIL' KIM
릴·킴의 꾸방석

LIL' KIM
릴·킴의

꽃방석

동행

自序

귀여운 손자들이 자라는 것을 바라보며
아이들의 이야기와
생활 속의 이야기를
있는 그대로 썼습니다

그 소중함을 시(詩)라 이름하여
감히, 첫시집(詩集)을 냅니다

이유가 있다지요
'詩集'을 내는 데는
이 다음에 손자가 자라
"우리 할머니 멋쟁이셨네.
시집도 내시고"
하면 좋겠습니다

한 가지 빼놓을 수 없는 것은
지난해는 사랑하는 남편과의
결혼 40주년입니다
"여보 사랑합니다"는 말
늘 해왔지만
오늘은 더 크게
더 정답게 불러봅니다.

2009년 1월　지은이

| CONTENTS |

| CONTENTS |

2 아름다운 말

③ 할머니와 달님

1
행복한 사람

행복

창가에 앉아
정원을 내려다본다

돌담 위 흙벽돌 틈새로
흘깃 옷자락 보인다

산수유나무엔
아직, 빨간 열매 대롱대롱

작은 새 한 떼가
나뭇가지에 내려앉는다

창문을 톡, 톡
휘리릭, 참 한가롭다.

우린 이렇게 삽니다

아침 8시
드라마 보는 시간
그때쯤이면
전화벨이 울리고
사랑하는 어부인
당신 사랑해요

나두우, 하며
시큰둥하게
대답하는 나

그래도
또 전화벨이 울리고
어부인 사랑합니다

쓸데없이 전화비
많이 나온다고
끊으라고 소리치지만

언제나
당신의 목소리
기다려집니다.

우린 또 이렇게 삽니다

아침에 일어나면
침대에 걸터앉아
손바닥 설흔 번
딱, 딱, 딱

또 복창해야 합니다
스윗, 스윗홈
매일 아침
귀찮고 귀찮아도

지지고 볶고
또 볶아도
아침이면
손바닥 치고
복창합니다
스윗, 스윗홈.

사진

U.S.A가 새겨진
골덴바지 입고
8살 때 찍은 사진

초등학교 졸업식 날
야무지게 입을 다물고
학교 정문 앞에서 찍은 사진

단발머리에 교복 입고
한껏 뽐내며
친구들과 함께 찍은 사진

빛나던 청춘 시절에
남편과 함께 찍은 사진

풍성하던 시절의 아이들 모습
근래 모습을 담은 사진들
죽 일렬로 늘어논다

Darling, I am growing old하며
팝송 부르던 때가

어제였는데

나도 늙고
사진 속의 나도 늙었다.

하늘 · 1

비행기 창문으로 내다보는
하얀 구름바다

어렸을 적 나는
하늘의 뭉게구름 보면서
저 구름 위에는 또 다른
세상이 있을 거라 생각했지

뭉게구름이 만들어 내는
여러 가지 형상 중에
왜 또 다른 세상을 생각했을까

나는
걸어온 길 되돌아보며
파란 하늘
하얀 구름바다 속에
생각을 떨군다.

사랑해 제곱으로

김포공항 송별대에서
눈물 흘리며
당신 떠나보내던 날

머릿속이 텅 비고
가슴이 답답하여
숨도 제대로 못 쉬었지

사랑하는 문아야!
엽서 받고서야
가슴 열리고
마음은 당신을 향하여
달려갔지

일기 쓰듯
매일 당신에게
편지 보내고

당신은
나의 문아에게
(사랑해)^2

pioneer가

(사랑해)^2, 제곱으로
당신을 사랑해요
하는 당신에게

40년이 지난 지금
(사랑해)^3 세제곱으로
비행기 접어
날려 보냅니다.

아버지

'토스카의 별이 빛나건만,
돌아오라 쏘랜토로'를
즐겨 부르시던 아버지
'개여울' 노래를
좋아하시던 아버지

노래가 나올 때면
내 나이보다
훨씬 전에 가신
아버지가
그리워진다

그 옛날 소년 시절부터
카메라와 활동사진에
그래서, 우리들은 늘
아버지의 모델이었다

진공관과 설계도면을
보아왔던 우리들은
진품명품 시간에
진공관 라디오를 보고는

아버지가 더 그리워진다

수박을
반의반을 잘라
통째로 드셨고
일부러 길가의 할머니한테
물건 사시던 아버지

어렸을 땐 어려웠던 아버지가
점점 자라서는 가까웠던 아버지
정말 멋스럽고 속 깊은
아버지셨다

아버지의 반의반만 닮았어도….

그 전엔 몰랐습니다

자식에 대한 섭섭함이 있을 거라는 것을
수학여행 가서 산 설악산 그림이 그려진
커다란 수건을
아버지는 당신 선물인줄 아시고
서랍에 넣으셨죠
아버지 선물이 아니에요
하며 다시 꺼낸 나
그땐 몰랐습니다
섭섭했을 그 마음을
딸의 선물이라면 틀림없이
고이 간직하셨을 그 수건
남편의 발수건이 된 게
그 옛날
그 옛날이었습니다
나는 참 무딘 딸이었습니다.

등산

산에 오릅니다
당신과 나
앞서거니 뒤서거니
떡갈나무도 갈참나무도
눈에 안 들어오고

낙엽이 떨어진
숲길 사이를
그저 당신의
발뒤꿈치만 따라갑니다

눈을 들어
산을 바라보니
어느새 단풍들로
산은 온통
붉습니다

우리 언제
손잡고 왔던가요
늘상 같이 있다고
생각했는데

낙엽을 밟고
묵묵히 걸으며
상념의 꼬리를
잘라 버립니다.

당신과 나

녹원사 앞의 밀밭이
바람에 물결 치고
은사시나무 잎사귀가
바람에 반짝반짝
흔들릴 때

우린
추억이 깃든 대학 캠퍼스
그곳에서 만났습니다
낭만과 서정이 넘치는
아름다웠던 시절

소나무 연습림
잔디밭에 나란히 앉아
당신은 나를
꽃방석에 앉혀준다고
약속했지요

당신과 나
수없이 사랑하고 또 미워하고
버럭버럭 소리치는

당신 속의 여린 그 마음
그 마음을 알기에
풋풋했던 당신을 떠올립니다

파노라마같이 흐르는
생각을 읽을 수 있다면
세월의 흐름 따라
우리의 마음도
요동쳤음을
알 것입니다

다음에도
당신을 만날 것이
난 이미 당신이 약속한
꽃방석에 앉았기 때문입니다.

눈을 감아 봅니다

눈을 감아 봅니다
살짝, 꽉

빛의 밝기와
마음의 움직임 따라
여러 가지 색깔이
만화경의
변화무쌍한 무늬처럼
잔상에 남습니다

물결 치듯
부드럽게 퍼질 때의
마음의 평온함

미간을 찌푸릴 때
머릿속까지 휘젓고
눈두덩을 누르는
무거운 색깔의 퍼짐

마음의 찡그림을
없애기 위해

미소를 지어봅니다

평화는
스스로 찾는 것
다시 눈을
살짝 감아 봅니다.

메뚜기

벼 베기가 한참인 이때
남편은
메뚜기 잡느라고 바쁘다
망태기에 몇 십 마리 잡아 넣고는
손자에게 보여준다고 의기양양

망태기를 빠져 나온
메뚜기가 펄쩍 뛸 때마다
나도 펄쩍
손자도 펄쩍

기겁을 하는 내 앞에서
냄비에 소금 조금
참기름 몇 방울
뚜껑 탁 덮고
다글다글

혼자 맛있다고 냠냠
내일 친구에게 좀 준다더니
어느새 홀딱
소년 시절 메뚜기 볶아먹던 기억이

새삼스런가 보다
오늘 아침 전화
아침에 메뚜기 잡아
볶아 먹었지.

눈높이

아기의 눈높이로는
천장이 얼마나 높을까

어렸을 때 삼층장 위에 있던
골동품 항아리는
그리 커 보였는데

자치기와 고무줄놀이 등
온갖 놀이를 했던 골목은
어찌 좁아 보이는지

애들이 쑥쑥 커갈 때마다
천장은 자꾸만 낮아진다

아기의 눈높이를 맞추느라
바닥에 눕는다

아이들의 눈높이에 맞춰
몸을 오무린다

세상을 바라보는

내 눈높이는

내 눈높이의 잣대로
재지 말고
보이는 만큼만 보자

크면 큰 대로
작으면 작은 대로.

스펀지처럼

넘치는 감정을
주체 못할 때

스펀지를 가슴에 대고
쭉 빨아들여
짜 버리면
얼마나 좋을까

온갖 아름다운 것들만
스펀지로 빨아들여
내 마음에 짜 넣고

나머지 쓸모없는
감정들은 짜 버리고.

추억의 창고

아침 방송에서
은행에 돈만 맡기지 말고
추억을 저축했다가
하나씩 하나씩 꺼내 쓰라는…

모두들 얼마나 많은
추억을 저축해 놓았을까
괴로울 때 슬플 때
행복한 시절의 추억을 꺼내
달콤한 기분 다시 느껴보고
실의에 빠질 때라도
얼마든지 헤쳐나갈 수 있는
추억이 있을 것은 분명할 터
그리고 보면 우리들은 모두 부자다
추억은 자꾸자꾸 쌓이니까.

없는 것 빼고 다 있다

TV프로 중 태국 시장을 소개하면서
없는 것 빼고 다 있다
새삼스런 멘트도 아닌데
별안간 웃음이 푹 나왔다

그럼 내 경우는 어떨까
없는 것 빼고 나면
그것은 처음부터 없는 것이고
다 있다
이것은 처음부터 있는 것 아닌가

나한테 다 있는 것은
첫째…
둘째…
……
부지기수로 많다
없는 것 빼 버리니
속이 편하다.

나무

남편은
나무 풀 꽃 정원 등의
낱말만 들어가는 책은
부지런히 사온다
다 보지도 않으면서

또 제목만 보고
마음에 든다 싶으면
여러 권 사서
친구들에게 보낸다

난 속으로
쓸데없는 일
한다고 투덜거리지만
며칠 전 이순원 님의 소설
'나무'를 사왔다

제목 보고 사왔거니
오늘 차분히 앉아
단숨에 읽었다
책 표지에 쓰여 있는

오랜 시간 비바람을 이겨낸
할아버지 나무와
이제 간신이 뿌리를 내리고
꽃을 피우기 시작한
어린 나무가 들려주는
삶의 지혜, 생명의 숨결
숭고한 자연의 아름다움…

남편의 책 사는 버릇이
고마웠다.

이름 붙이기

자신의 감정에 이름을 붙입니다
아무도 흉내낼 수 없는 이름을 붙입니다
'음, 부족한 느낌'이라는 식으로

즐거운 인생을 위한 100가지 법칙의
한 구절입니다

지금 이 감정은
설탕에 저린 유자의
새콤달콤한 느낌

이 감정은
길가다 전봇대에 머리를
딱 부딪친 느낌

흠, 이 감정은
자기 감정에 이런 식의
독특한 느낌을 붙인다면…

즐거움의 제조 원가는
제로랍니다.

행복한 사람

난 행복한 사람
세상 풍파 모르는
온실 속의 화초처럼
모든 일이 순조로웠다

생각해 봐도
난 그리
인생의 쓴맛 단맛을 모르는 것 같다

살아온 세월을 엮는다면
소설 한 권은 족히 넘을 거라는
주변 사람들

고통 속에서 새로운
인생을 발견하고
새 삶을 살게 되었다는
성공한 사람들의 말씀

난
깊이 있는 인생이 아니라선지
생각이 단순하고 덤덤하다

그런데 실은
난 참 괜찮은 사람이라고

긍정적이고 등, 등
스스로 자신을
칭찬해 준다

훌륭한 사람이 아니어서 좋다

평범한 생활 속에서
자신에게 칭찬하기로
마음 돌린 나는
행복한 사람이다.

산다는 것

풍선 위에 세 점을 찍습니다
나, 너 그리고 우리들

풍선을 크게 불수록
점들은 점점 멀어집니다

동그란 고리에 열쇠를 끼웁니다
나, 너 그리고 우리들을

고리가 크던 작던
같이 붙어 있습니다

산다는 것은
나, 너 그리고
우리들의 어울림

풍선이 터지지 않는 한
세 점은 풍선 위에 있습니다
고리에 매달린 열쇠입니다.

삶

특별히 좋아하는 것
싫어하는 것 없는
일상에서의 무미건조함
따위가 내 삶이라 해도
나는 실망하지 않는다
치열하게 살아야만 하고
자기 계발을 위해
뭔가를 해야만 하고
난 다 잊어버린다
적당히 남도 질시하고
세상 돌아가는 일에 분개도 하고
TV 보느라 냄비를 까맣게 태워 먹는
평범한 내 삶이 좋다.

자장가

불 꺼진 방 천장과 벽에는
별이 반짝이고
초생달이 환하다
스티커를 붙인 별과 달이
스위치를 내리는 순간 반짝반짝

아가였을 때
자장가는 CD음악이었는데
키 크게 얼른 자라고
엉덩이를 토닥이며
엉덩이 하나
민기 하나
엉덩이 둘
민기 둘

지금은 별 하나 하면
할머니
엉덩이 하나

별이 쏟아지는 방에서
금방 색색거리는 손자

할머니 가지마
붙잡는 손자 잠들자마자
얼른 집으로 온다
이마에 뽀뽀를 남겨 놓고.

나라꽃 무궁화

나의 사랑하는 님아
라디오 속에서 흘러나오는
꽃다운 청춘을 부르는
무언의 외침이
궁궐 속의 그림자 되어
화려한 꽃으로 피어나리.

알밤

비탈진 언덕 또르르 굴러
수북이 쌓인 알밤 형제들
누구를 찾아 날을 세었나

눈망울 고운 아기 이유식
연인들 사이 군밤 한 봉지

지친 부부의 추억 한 다발
백발 노부부 마주잡은 손
삶은 밤 한 입 군밤 두어 개

정겨운 모습 빛나는 알밤
밤새 기다려 주인 찾는다.

안분지족(安分知足)

'편안한 마음으로
제 분수를 지키며
만족할 줄을 앎'

자기 분수에 만족하여
다른 데 마음을 두지 아니함이
그리 쉬운 일인가

사치스런 마음을 접고
기대하는 마음도 접고
하나씩 하나씩
욕심도 버리고

그리하여, 그리하여
마음이 편해질 수 있다면

안분지족
마음에 새겨 두리라.

우리 집 시계

둥그런 원형의 우리 집 시계는
열두 마리의 새가 앉아 있어
시간마다 운다

영어사전을 찾아보면
새들 이름을 알겠건만
고 귀찮아
아직도 무슨 새인지 모른 채
울 때마다 휘휘
우우, 박자 맞춰 따라 한다

신통하게도 밤 열한 시부터
아침 여섯 시까지는 안 운다고
자랑했다

어느 날
밤 열한 시에 울어
어, 열한 시였구나

참 바보같이
자는 바람에 못들은 것을

어떻게 그리 생각했는지

밤 한 시, 두 시, 세 시
잠 안 오는 밤이면
꼬박꼬박 우는 새소리에
속으로 장단 맞춘다.

내 친구

내 친구는
생각이 반듯하고 살림도 잘하고
검소하게 사는 것은 물론이고
일찍부터 남을 위한 봉사도 열심이었다
남편이 은퇴한 후에는
부부가 구청에 나가 봉사도 하고
그렁저렁 시간을 낭비하지도 않는
아름다운 사람이다

친구 부부는 남편 칠순 기념으로
스페인을 배낭여행으로
지난 11월에 50일간 다녀왔다
모두들 와우 했다

설명 들어 이제 알게 됐지만
가리비조개가 배낭 여행자 표시로
배낭에 매달아 놓고
지나가는 도시마다 스탬프를 찍은 것이
두 장이나 되었다
우리나라에
배낭 여행자 등록 수가 250명뿐이라니

친구 부부가 얼마나 대단한가

결혼한 후 운동으로 수영을 했고
주말마다 등산을 하였고
작년에는 섬진강을 쭉 걸어서
올라왔다고 하지만
늙어서 배낭여행이라니
친구가 자랑스럽고 부러웠다

앞으로도 봉사생활은 물론이려니와
새로운 일에 도전할 친구의
다음 일이 궁금해진다.

부모님

예전에 TV에서 얼굴에 주름이 가득한
할머니 할아버지가 당신의
부모님을 그리워하며
눈물을 흘리는 모습을 볼 때면
그게 이상해 보였다

쪼그랑 할머니 할아버지가 되면
감정도 늙어버릴 거라 생각했었나 보다
나이가 아무리 먹어도
부모님에 대한 그리움은
변하지 않을 텐데도
또 부모님한테는 언제나 자식인 것을

사랑을 일깨워 주는
쪼그라진 할아버지의 눈물
눈물을 훔치는 주름진 손등
짓무른 눈가의 물기는 나도 모르게 내 손등도
눈가를 훔치게 한다

아! 나의 아버지.

나이 · 2

쌀가루 한 켜
떡고물 한 켜
켜켜 쌓인 시루떡
떡과 함께
나이를 먹는다
백설기로
100일
수수경단, 돌떡에
한 살
나이도 켜켜 쌓인다.

귀여운 놈

둘째네 식구가 왔다

이제 조금씩
말을 시작한 사촌 여동생을
(것도 영어만 할 줄 아는)
그래도 일년 반 오빠라고
잘 데리고 노는 손자
둘은 잘 통하는가 보다

할아버지는 저를
똑똑이라 불러요 하며
노래에 자기 멋대로
가사를 붙이는
귀여운 손자

이마가 다 드러나도록
바짝 깎은 머리
얼굴 모습이
멋쟁이 작은 아빠를 닮았다고
모두들 말했다

속으로 기분이 좋았나 보다
할머니랑 예쁜 할머니가
작은 아빠를 닮았다고 했다면서
엄마, 근데 아빠한테는 말하지마

지 생각에도 작은 아빠가
멋지다고 생각해
아빠에게 미안한
마음이었나 보다

귀여운 놈.

시인의 시

시인들의 시는 어려워야 하는가

의미를 깨달으려면
나는 몇 번이고
읽어야 된다

해설을 읽고 나서야
아 이런 의미였구나

나만일까
어려워 하는 것은

평범한 사람이
쉽게 이해할 수 없다면

시인들만의 시가 아닐까.

2
아름다운 말

코브라

둘째 손자와 나의 암호
'코브라'(암호라고 손자가 말했다)

꾸부리고 앉을 때마다
허리 펴, 하던 것을
코브라가 어떻게 고개를 들지?
그러면 코브라가
고개를 빳빳이 드는 모습을
흉내낸다
허리를 천천히 펴고
고개를 서서히 바짝 세우면서

민기야, 코브라
코브라
우리 집에는
수시로 코브라가 고개를 세운다.

눈물

의사 선생님이
방송에서 말했어요
눈물의 힘을

웃음이
몸과 마음을 치유하는
파도라면

눈물은
해일이라고

꽁꽁
숨기지 마세요
울고 싶은 마음을.

지금 전화 없음

일이 있기 전에는
전화 않던 남편이
하루에도 수없이 전화합니다

무심하게도
남편의 허전한 마음을
헤아리지 못했습니다

그러고 보니
불나게 걸려오던 전화가
뜸해졌습니다
열나게 전화하던 것도

남편의 마음을 몰랐습니다
아내에게 자주 전화하는 심정을

지금 전화 없음을
감사히 여깁니다
바쁜가 봅니다.

형부의 화

나는 함께 살아도
남편의 버릇을 몰랐습니다

언니, 형부 화나면 어떤지 모르지
화내면 화내는가보다 했지요
무슨 버릇이

형부는 화나면 킁킁거려, 몰랐지

지금은 킁킁거리면
당신 화났지

재미있습니다.

아름다운 말

아름다운 말을 꼽아 보라면
사랑, 행복 등등
여러 가지 고운 낱말들이
떠오를 것이다

아름답고 곱다고 느끼는
그 낱말들은
정말 사랑스럽고 예쁘다

만약 아기에게
태어날 때부터
사랑을 듬뿍 주는 행동을 할 때
다른 낱말 즉 '깡통'으로 말한다면
깡통이라는 낱말이
아름다운 말로 떠오를까

우리가 하는 행동에
고운 말과 혐오스런 말을 바꿔서
말해 왔다면
아마도 그 말이
아름답게 느껴졌을 거라고 생각해 본다.

문경새재 넘어

고등학교 동창 33명
문경새재
제3관문 조령관 넘어
제2관문 조곡관을 지나
제1관문 주흘관을 향해

길 따라 걸으며
이름 모를 나무 꽃향기에 취하고
길 따라 굽이굽이 도는
도랑 물소리에 마음 적시고

친구 팔짱끼고 도란도란
세월 건너 이야기 속으로
단발머리 그때 그 시절로
다시 돌아갑니다.

각(角)의 예술

30, 40세 때
남편이 즐겨하는 운동은 테니스였다
복식조로 앞에서 잘 막아내고
손목을 휙 휘두르며 치는 모습이
내겐 근사하게 보였다

전국 교수 테니스대회
B조 장년부 복식조 준우승으로
자전거를 부상으로 받기도 하고
미국 교환교수로 갔을 때는
일리노이주 어바나 샴페인시
시민대회에 복식조로 출전 우승도 하고
우승으로 받은 상패와
신문에 난 기사를
난 아직까지도 잘 간직하고 있다

모임에서 손목 휘둘러
공을 요리조리 보내는
고도의 기술 얘기가 나올 때
각(角)의 예술이라고
한마디로 얘기했다

나는 테니스는
각의 예술이라고 한 남편의
그 말이 두고두고 생각난다
각의 예술
얼마나 멋진 말인가.

눈물이 납니다

눈물이 납니다
흐르는 음악 소리에,
바이올린 선율이 더욱
마음을 울립니다

창밖
가루비가 발비 작달비가 되어
창문을 두드리면
눈물이 막
쏟아질 것 같습니다

지금은
가루비가 내리고 있습니다
아름다운 선율에
마음을 맡깁니다

* 가루비 : 가루처럼 포슬포슬 내리는 비
* 발비 : 빗발이 보이도록 굵게 내리는 비
* 작달비 : 굵고 세차게 내리는 비

등나무 아래 앉아

햇볕 뜨거운 나른한 오후
등나무 아래 앉아
세수 대야에 찬물 가득 부어
두 발을 담그고
지그시 눈을 감습니다
바람이 살랑살랑 부니
잠이 스르르 옵니다

여학생 시절
학교에서 돌아온
여름날 오후의 일과였습니다.

밤하늘 별 하나

아기가 잠든 사이
밤하늘 별 하나

살짝 내려와
꿈꾸는 아기 귀에
속삭이고 갑니다

별 하나 나 하나
엄마 자장가

엄마가 부를 때마다
얼른 오겠다고

아기가 잠든 사이
밤하늘 별 하나

살짝 내려와
꿈꾸는 아기 귀에
속삭이고 갑니다

별 하나 나 하나

엄마 자장가

엄마 편히 주무시게
얼른 친해지자고.

스노클링

아름다운 바닷속
물고기 떼 사이를 헤엄치며
경이로운 세계에 감탄합니다

바위 사이를 휘돌아 가며 헤엄치는
크고 작은 물고기 떼
손에 잡힐 듯 잡힐 듯 옆을 스치는
형형 색깔의 이름모를 물고기들

물길 따라 1킬로미터
헤엄치며 내려오면서
바다거북이도 보고
뱃전에 매달려 주위 경치도 보며

멕시코 칸쿤에서의 스노클링
참으로 아름다운 세계로
다시 가고 싶습니다.

꽁치구이

기숙사
식사 시간
여섯 명 식탁에 둘러앉아
접시 위의 꽁치구이
은근히 탐색합니다

큰 토막, 작은 토막
몇 그램 차이날까

보이지 않는 욕심
똑 같습니다.

서호 가는 길

여름날
논두렁 길 따라
서호로 산책갑니다

뚝방길
소나무 밑에 앉아

호수 건너
농촌진흥청 바라보며
석양에 붉게 물든
하늘 올려다봅니다

돌아오는 길
쓰고 있는 양산
뒤집어 토마토 담아 오던
서호로 가는 길

연인들의 속삭임이
들려오는 듯합니다.

나팔나리꽃 향기

꽃대 하나 쑥 올라와
흰 꽃 나팔나리 네 송이
머리 위에 앉았는데

나팔나리 나리꽃
옛날 전축 확성기 모양
꼭 닮았어요

나팔나리
사방으로 확성기 틀어 놓고
나비들아, 모두 놀러와

흰나리
모여 드는 것 보니
나팔나리 나리꽃
성능 좋은 스피커
맞는 모양이네요.

행복 · 2

무궁화 꽃 활짝 핀
이랑 사이로
빨갛게 익은 토마토
얼굴 내밀고
고추밭 사이로
가지 몇 개 손 내민다
줄 타고 올라간
꼬부라진 오이 사이로
무궁화 꽃 활짝
다시 자태 뽐내니
밭이랑 사이사이마다
행복이 넘실거린다.

동생과 형

형이 백일 때 입었던 옷을
동생이 똑같은 옷을 입고 찍은 사진을
나란히 함께 붙여
사진 한 장으로 만들었습니다

동생이
조금 앞쪽에 앉아 찍어 커 보입니다
작은 쪽이 자기라고 동생은 우깁니다
크게 나온 사진이 아무래도 형 같아
보이는가 봅니다.

같은 말

같은 말도
아기의 말은, 귀여운 소리
유치원생이 말할 때는, 영특하네
좀 자라서는, 유치하게 그런 말을
더 어른이 돼서는, 좀 모자란 게 아니야

같은 말도
평범한 사람이 쓸 때는
아무 감흥이 없는데

같은 말도
유명한 분이 쓰면
심오한 사상이, 사유가 있다고

깊고 깊은 생각을
정제된 말로 표현한 것이니
같은 말이라고 같은 말 아닐테지.

이름 찾기

김문자 할머니
둘째 손자는 나를 이렇게 불러
왕할머니에게 혼난다
누가 할머니 이름을 부르냐고

할머니 성함은, 할아버지 성함은
가르쳤더니
한동안 이름을 앞에 붙여
김문자 할머니 하고 부른다
그렇게 부르는 손자가
난 예쁘기만 하다

자기의 존재가
내가 없어졌다고
난 뭔가
이름 찾기 나서는 엄마들

손자가 알아서 불러 주니
덧붙여 말하게 한다
시인 김문자 할머니라고
부르라고

요샌 잊어 버렸나보다
할머니, 할머니
목소리도 참 크다.

남편의 행복

아침 일찍
창문을 열면
아침 햇살에 무궁화 꽃이
활짝 웃으며 다가옵니다

나무 사이 거미줄
거미줄에 맺힌 이슬방울
톡톡 쳐가며
꽃송이 송이마다
새로 명명한 이름 불러봅니다

이 꽃 저 꽃
꽃 속을 넘나드는
꽃가루 범벅 꿀벌
찰칵

미국 유학 시절 식물원 과목
기부한 돈으로 만든 백만 평 식물원
잔디밭 흔들의자에 앉아
나무들 크는 모습 바라보는 것이
행복이라 말 한

어느 백만장자 노인 떠올리며

석양에
처마 밑 의자에 앉아
아직도 피어 있는 무궁화 꽃을 바라보며
'행복이 따로 있나.'

40주년 결혼기념일

4월 7일은 결혼 40주년
창밖의 팔배나무 줄기에
어느새 잎이 제법 자랐습니다

사랑하는 당신
숫자 40을 세는 데는
잠깐이었습니다
행복한 세월이었습니다

행복이라는 것이 별건가요
하하 웃으면서
큰 소리치면서
밥 먹으면서
싸우면서
흘러가는 일상이

뭔가 모르는 기쁨이
가슴 속을 일렁입니다
내겐 행복이었습니다.

~셈치다

잃어버린 것
동동거릴 것 없어
없는 셈치다

준 것
아까워할 필요 없어
잃어버린 셈치다

마음 부자되는
~셈치다
얼마든지 ~셈치다.

두메부추

작은 알갱이 모여
연보라색 둥근 꽃

혼자 보기 아까운 언니는
나를 한 귀퉁이 뚝 떼어
밖 정원에 심었습니다

열심히 몸집 불려
예쁜 꽃 피울 준비
하였습니다

어느 날 내가 잠든 사이
밑둥지만 남겨진 채
몽땅 잘렸습니다

'어머!
누가 두메부추 잘라 갔네'

꽃을 사랑할 줄 모르는 분
먹을 거로만 보였나봅니다

언니는 도로 정원에 심었지요
은은히 꽃향기에
나비들이 날아옵니다.

하늘·2

어렸을 적 나는
하늘의 뭉게구름 보면서
저 구름 위에는
또 다른 세상이 있을 거라 생각했지

턱을 괴고
하늘 쳐다보면
여러 가지 모양의 두둥실 흰 구름
흘러가는 구름 따라
흘러가는 어린 꿈
또 다른 세상도 자꾸만 바뀌었지

그 구름 간데없어도
지난 세월 돌아보니
새로운 세상 늘 그 자리에 있었네.

가을 문밖에서

가을인가 봅니다
흐르는 음악에
왜 이리 가슴 저려 오는지
자꾸만 눈물이 납니다
가슴 깊이 스며드는
잔잔한 멜로디
마음속 깊은 곳에
눈물 흐릅니다
흐르는 눈물 훔치며
감정의 껍질 하나씩 걷어내고
내 속의 나를 봅니다
젊은 날의 순수함
나이만큼 세월의 때로
무뎌진 감성 눈물로 되돌리려 합니다

가을이 문밖에서
나를 부릅니다.

콩나물을 다듬으며

제사 때 내려와서는
늘 손님 같았던 둘째 며느리
서투른 부엌일 타박 한마디 하신 적 없고
늘 예뻐만 해주셨다
'아야, 콩지름 갖고 오너라'
콩지름? 콩기름이거니
얼른 콩기름 갖다 드립니다
콩지름이 콩나물인 걸
40년 전 서울 토박이인 나
어머니의 경상도 사투리가 무슨 말씀인지
모를 때가 많았습니다
콩나물 다듬을 때면
쪽진 머리에 늘 곱게 한복을 입으셨던
시어머님 생각납니다.

梨花에 月紅하니

붉은 달빛
살포시 배꽃에
입맞춤하니
하얀 배꽃
부끄러워
꽃잎
붉어졌다네.

엄마의 힘

수화기에서 들려오는
우는 목소리
엄마 나 어떡해
구십 노모에게
육십 아들이

뚝방에 혼자 앉아
한 잔 술에
엉엉 울며
동생도 싫다
누나도 싫다
엄마만 전화 바꿔

에미가 목을
조직검사했어요

지레 놀란
늙은 자식
당신 계심에 위로받고

어머니, 전화 끊을께요.

비명

당해 보지 않은
남의 고통
같이 눈물 흘리면
그 속을 알까

생명을 삼켜 버리는
비수 꽂기
돌 맞은 개구리
비명 한번 지르지 못한 채
연못 속에 가라앉는다

바닥을 치고 올라온
숨 고르기
보글보글 수면 위
기포로 살아난다.

3

할머니와 달님

손자

몇 살?
손가락 두 개
오무린다

엉덩이를 툭툭 치며
이렇게 예쁜 아기
어디서 왔지?

하늘에서 뚝,
땅에서 쏘－옥

이렇게 예쁜 아기
어디서 왔지?

귀찮은 아기
손가락으로
하늘 한 번
땅 한 번.

호빵

둥그렇게
부풀어 오른 호빵
호호 불어가며

참 맛있었다

식으면 찌부러져
작아질까 봐
두 손으로
감싸 안으면서

달콤한 팥소
한 입 베어 물 때마다
작아지는 게 아쉬워
천천히 씹었다

그랬는데
지금 호빵은
맛있는 게
많아서인지
입맛이 없어졌는지

구멍가게
구공탄 위
찜통 호빵이
그리워진다.

노란 메모지

첫째네 집에 가면
벽 여기저기에
노란 메모지가 붙어 있습니다
그림도 아무 데나 척 붙어 있습니다

손자는 엄마한테
자기가 불러주는 대로
친구에게 쓴 편지를
여기저기 붙여 놓고는
잊어버립니다

엄마
이 편지가 왜 여기 있어
쓴 편지는 그대로 가는 줄
아는가 봅니다
할머니는
오늘도 여기저기 붙어 있는
노란 메모지를 봅니다.

손자의 눈물

금붕어도 죽고
예쁜 할머니 집 강아지
제니도 죽었습니다

아빠는 할아버지가 되고
민기는 아빠가 되고
아빠가 되면
민기 같은 예쁜 아이 낳고
또 낳고, 그~치

손자는 그제야
눈물 글썽이는 것이 없어집니다
하늘나라에 올라갔다가
아이가 돼서 내려오고
또 올라갔다가 내려오고
그러는 거지~ 하며.

할머니의 짝사랑

눈치보기 시작하면
나만 서럽다고

누가 뭐라든 수시로
큰애네를 들락거렸는데

학년이 올라 갈수록
바쁜 큰손자

태권도 끝나는 시간에 맞춰
길목을 지킨다

할머니, 하며
달려오는 손자
두 팔 벌려 꼭 껴안는다

조심해서 가자.

민기는 크고 있습니다

민기가 끙끙대고 아픕니다
물만 먹어도 토하고
제법 열이 있습니다
어제부터 슬슬 아팠답니다
열이 나면 민기는
하얀 열 팻치를 이마에 붙입니다
얼굴이 반쪽이 됐는데도
붙인 모습이 귀엽기만 합니다
병원 가서 링거까지 맞고 왔습니다
아프면서 큰다고
민기는 지금 크고 있는 중입니다.

애기똥풀

언제 날아왔는지
애기똥풀
여기저기 피어 있더니

올해
저 혼자 씨 뿌려
애기똥풀이 마당 하나였습니다

흰나미 놀러 왔을 땐
어느새 노랑꽃 애기똥풀
내년 봄 예약하고 가버렸습니다.

누구 닮았을까

아빠 코 닮았을까
엄마 이마 닮았을까
누나 모습 닮았을까
누구 닮았을까

멀리 있는 아기
곧 이메일 사진 올 텐데도
아기 모습 궁금해
마냥 그려 봅니다.

홍이의 눈물

낮잠을 자다 깬 홍이
아무도 없어
툇마루에 앉아서 웁니다

울다 지친 홍이
실눈을 뜨고 지는 해를 바라본 순간
눈물이 햇빛에 반짝반짝 아른거려
눈에 보석이 매달린 것 같습니다

눈물이 맺힌 채 다시 실눈을 하니
눈부시게 영롱한 빛이 눈물방울 사이로
아름다운 보석을 또 만들어 냅니다

눈물과 햇빛이 빚어낸 신기한 일에
눈을 감을 듯 실눈으로 해를 바라보며

엄마 오시면
'나같이 한번 해보세요' 해야지
홍이는 울면서 생각합니다.

할머니와 달님

시골에서 할머니랑 사는 홍이
내년에 학교 가야 한다고

할머니와 있겠다고 떼썼지만
기차 타고 엄마 있는 서울로 갑니다
울면서
획획 지나가는 차창 밖을 봅니다

달님이 좇아오는 것이
할머니가 '홍아' 하면서
좇아오는 것 같아
달님한테 손짓합니다.

고양이 새끼 세 마리

야생 고양이 한 마리
어미보다 더 커진 새끼 데리고
마당에서 살더니
새로 새끼고양이 낳았습니다

열심히 먹이 주며
언제나 데리고 오려나 기다렸더니
귀여운 새끼 세 마리 데리고
우리 집으로 이사왔습니다

먹이 주려고 나가면
새끼고양이는
인기척에 놀라 구멍 속으로
쏙 들어갑니다, 나왔다가 쏙
서로 어울려 노는 모습이
너무 귀엽습니다

어미와 먼저 난 큰 고양이는
좀 떨어진 나무 그늘에 앉아서
새끼를 보호합니다

어떻게 친해 보려고 해보지만
어미는 이빨 드러내며 캭 소리를 냅니다
섭섭하게도 옆집과 경계
나무 그늘 속으로 새끼고양이를 옮겼습니다
들락거리는 내가 위험하다고 느꼈나 봅니다

어미가 경계의 신호를 보내니
새끼는 숨었다가도
손짓하며 부르면 얼굴만 빠끔히 내밉니다

어미 젖 잘 나오라고
세 끼 먹이 꼬박 챙겨 주었는데
그 마음도 몰라 주고
섭섭한 마음에
점심은 이제 안 주기로 했습니다

하긴 어미 밥을 오독오독 깨무는
새끼고양이를 보니
이젠 두 끼만 줘도 될 것 같습니다.

고양이가 다시 돌아왔습니다

비가 자주 오니
고양이 생각해
뚜껑 있는 스티로폴 상자를
새끼 숨어 있는 부근에 놓았습니다
못 보던 것이 있으니
더 위함다고 느꼈는지
도로 우리 집 마당
옛집으로 왔습니다

펄쩍 뛰어올라
나무 잎사귀도 건드려 보고
끔뻑끔뻑 졸고 있는
어미 꼬리도 건드려 보고
나무타기, 낮은 담장오르기
먼저 난 큰 고양이가
새끼들을 교육시킵니다

어미는 느긋하게 앉아 바라보며
이젠 새끼를 만져도 가만히 있어
세 마리 중 한 마리를 키울 생각에
정성 들이고 있는 중입니다.

별이 안 보여요

할머니
왜, 별이 안 보여요
구름이 껴서 안 보이는 거란다
그런데 오늘은 구름 없잖아요

별이 사라졌어요
별 찾으러 어디로 가야 하나요
마음에 구름 껴 별이 안 보이나요

할머니
너무 공기가 나빠서
안 보이는 거래요.

고양이가 사라졌습니다

어미고양이가 첫 번째 낳은
형 고양이가 사라졌습니다
며칠 전 내가 만져도
가만히 있고 힘없이 누워 있는 모습이
아픈 것 같아 보였습니다
그날 울며 떠나간 것 같습니다
보통 때의 울음소리완 확연히 다르게
길게 끌며 우는 소리가
예사롭게 들리지 않았습니다
그전엔 며칠 만에 나타난 적도 있어서
오기를 기다려 보지만
아직 안 나타나
마음이 너무 아픕니다
병원에 데려가 볼 걸…

새끼고양이 중 한 마리가 아퍼
병원에 데려가기 위해
집안에다 격리시켜 놓았습니다
새끼 우는 소리가 나니
어미가 창문 앞에 앉아
새끼를 부릅니다
큰 병일까봐 걱정입니다.

새 둥지

'민기야, 아래층으로 내려와 봐'
할아버지는 긴 막대에 거울 붙잡아 매고
조심조심 장대를 감나무 위
새 둥지로 올립니다

거울에 비친 새끼
먹이 달라고 짹짹
딴 가지에 앉아 있던 어미새
놀라 파드득 파드득

쪼르르 2층으로 올라간 민기
감나무 위 새 둥지
손에 잡힐 듯
손 뻗어 봅니다

할머니
텔레비전에서 보던 새끼보다
훨씬 예쁘고 신기해요

어미 또 놀랄까 봐
살살 장대 거둬 드립니다.

모기가 물어

왼쪽 넷째 손가락 첫 마디
모기가 물어
자다 말고 박박
참을 수 없어라

옴찔옴찔 손 가는 것
참으려니
몸까지 근질근질

입술 깨물고
인내 실험

잘 잤다.

산수 시간

나이를
자꾸
자꾸
더하니

활짝 웃는
아버지 모습
주름진
할아버지 모습

거꾸로
자꾸
자꾸
빼니

다시
내가 됩니다.

아는 사람 손들어

'아는 사람'
수줍은 아이
손 들까말까

아까 손 들 걸
집에 돌아와
후회합니다

선생님은 아실까
내가 다 안다는 걸

내 마음
일기장에 씁니다.

낮잠 자다 깨어

아! 지각
깜짝 놀라
책가방 둘러메고
급히 달려갑니다

늦어도
한참 늦었는지
학교 가는 아이들
아무도 안 보입니다

다 가서야
참! 학교 갔다 왔지
이제야 생각납니다.

놀이터

빙빙 돌아가는
놀이 기구
아이들 발 구르며
더 빨리 빙글빙글

겅중겅중
거꾸로 올라간
미끄럼
주르륵

가을 햇살에
발갛게 익은
아이들 웃음소리
놀이터를 가득 채운다.

자랑거리

머리통 동글동글
얼굴도 동글동글
바늘로 찔러도…
동네 어른들
그리 말했습니다
발 뗀 것이 만 9개월
돌 때는 통통 뛰었습니다
14개월 어느 날
화장실에 있는 깡통
들고 왔습니다
엄마는 내 모든 게
자랑거리입니다.

별떡, 달떡

밥 한술
치즈 한 조각
더 먹이려고
엄마는 재주 부립니다

숟가락 위에 올려놓고
공중에서 휘휘 저으며
별떡, 달떡
별떡, 달떡
별떡이네 하면서
입에 쏙 넣습니다

이번에는 달떡이네
다시 쏙

엄마 재주에
아기
밥 한 그릇 뚝딱입니다.

기분 안 좋으신가 봐

예뻐했다
미워했다
엄마는 변덕도 심해

장난감 널려 있어도
동화책 흐트러져 있어도
아무 말씀 없더니

오늘은
기분 안 좋으신가 봐

재빨리 치웁니다.

콩알 세 알

콩알 세 알
화분 흙 속에 갇혔어요
아! 답답해

용쓰며
머리 내밀었어요
세상 밖 나오니
이렇게 시원할 수가

때맞춰 물도 마시고
따뜻한 햇볕도 쬐고

어느새 키 부쩍 자라고
예쁜 잎 여럿 생겼어요

'잭과 콩나무'에서처럼
너무 자라면 어떡하지요

콩알 세 알
나 그만 클래요
나 그만 클래요.

할머니 마음

울 듯
겁먹은 얼굴

친구 이마에 상처
피가 났어요

놀며
싸우다가
그럴 수도 있지
은근히 편들지만

엄마의 화난 얼굴
아무 소리 못하고
쫓아갑니다.

잠자는 아기

새근새근
잠자는 모습
병아리 솜털처럼
따뜻하고 포근합니다

새근새근 숨소리는
세상을 잠재우는
아름다운 음악

평화로운
아기 모습
명화 속의 전경(全景)입니다.

할머니식 교육

닭이 도망갈 때 일어나는
후다닥 소리가 아닙니다

할머니는
장난감 널려 있을 때
엄마가 기분이 안 좋으시면
'재빨리 치웁니다'라고 썼는데
민기는 뭐라고 할까
'후다닥 치웁니다'
아! 그래 '후다닥'
참 좋은 표현이네

민기야 시 읊어봐
생각나는 대로 엉뚱하게 말을 이어간다
그 모습이 귀여워
자주 이용하는 할머니 교육입니다.

사랑학 구도 혹은 체험적 진실

김 송 배
(시인 · 한국문인협회 시분과회장)

1. '안분지족'과 삶의 평범성

현대시의 구도는 대체로 그 시인의 삶의 구도에서 형성된다. 그것은 주어진 한 인생을 영위하면서 부여되는 과거와 현재의 시간성에서 체험한 삶의 표상들이 상상력을 통해서 형상화하는 경우가 많기 때문이다.

일찍이 프랑스 상징주의 시의 비조로 알려진 보들레르가 말한 바와 같이, 시는 항상 기쁨이든 슬픔이든 그 자체 속에 이상을 좇는 신과 같은 성격을 가지고 있어서 한 시인의 삶은 곧 시적 원천이 되고 그 원류를 따라 흐르는 인생의 노래가 되기도 한다.

여기 김문자 시인이 상재하는 첫 시집 『릴 · 킴의 꽃방석』을 일별하면서 문득 이러한 체험을 상기하는 것은 그가 평소에 과거를 회상하거나 현재의 생활을 접하면서 언제나 평범성을 배제하지 않는 특성이 있다는 점을 간과(看過)할 수 없다는 것이다.

김문자 시인은 일상에서 가능하면 평범성을 잃지 않으면서 사물을 응시하는 것이나 사유(思惟)의 방식에서 유유자적(悠悠自適)으로 일관하고 있다는 점도 중시하게 되는데, 다음과 같은 어조(語調)로 나타나고 있다.

창가에 앉아
정원을 내려다본다

돌담 위 흙벽돌 틈새로
흘깃 옷자락 보인다

산수유나무엔
아직, 빨간 열매 대롱대롱

작은 새 한 떼가
나뭇가지에 내려앉는다

창문을 톡, 톡
휘리릭, 참 한가롭다.

그는 이러한 광경을 '행복'이라고 정리한다. 그의 안정된 정서와 시각적 이미지의 결합은 바로 '참 한가롭다'는 결론에서 보듯이 평범에서 비범(非凡)의 시적 진실을 탐색하고 있다.

김문자 시인은 이와 같은 시적 구도를 창출하는데 많은 기여를 하고 있다. 그것은 천성적으로 안온과 행복의 상관

성을 깊이 천착(穿鑿)하고 있다는 시적 정황을 이해하게 되고, 그가 지향하는 정서의 원류는 바로 '안분지족(安分知足)'이라는 인간의 근원적 사유를 실현하려는 그의 인생관 혹은 가치관으로 읽을 수 있을 것이다.

그는 모든 시편에서 '마음의 찡그림을 / 없애기 위해 / 미소를(〈눈을 감아 봅니다〉 중에서)' 짓거나 '난 행복한 사람 / 세상 풍파 모르는 / 온실 속의 화초처럼 / 모든 일이 순조로웠다(〈행복한 사람〉 중에서)', 그리고 '평범한 내 삶이 좋다(〈삶〉 중에서)'는 어조로 평범하게 행복을 탐구하는 보편적 인식이 그의 삶의 방식이며 삶의 철학이며 또한 시적 진실이다.

이러한 시적 사유의 정립은 다음과 같이 '안분지족'으로 표징되고 있다.

'편안한 마음으로
제 분수를 지키며
만족할 줄을 앎'

자기 분수에 만족하여
다른 데 마음을 두지 아니함이
그리 쉬운 일인가

사치스런 마음을 접고
기대하는 마음도 접고
하나씩 하나씩
욕심도 버리고

그리하여, 그리하여

마음이 편해질 수 있다면

안분지족(安分知足)
마음에 새겨 두리라.

그는 삶의 궤적(軌跡)에서 인식된 인간의 진실이 무엇인가를 현실 상황과 대입함으로써 파생되는 갈등의 소지를 여과하고 있다. 그는 이러한 정심(貞心)의 지표가 휴머니즘의 구현을 위한 인간적인 좌표(座標)로 설정하고 하나의 교훈으로 새기면서 우리들에게 교시적(教示的)인 메시지를 전해 주고 있다.

이것이 그가 바라는 인생의 지침이면서 실현되어야 할 궁극적인 존재의 이유가 되기도 한다. 이는 영국의 시인 셸리가 말한 바와 같이, 시는 최상의 마음의 가장 훌륭하고 행복한 순간의 기록이며 영원한 진리로 표현된 인생의 의미임을 김문자 시인은 이미 잘 알고 있기에 가능하다.

2. 부부 사랑을 통한 행복찾기

한편 김문자 시인의 이와 같은 행복찾기는 부부 사랑에서 특별한 사연과 표현을 읽을 수 있다. 그는 행복이 별것이 아니라, 부부간의 금슬(琴瑟)에서 확인하고 이를 긍정하는데서 행복을 정리하고 있다.

4월 7일은 결혼 40주년
창밖의 팥배나무 줄기에

어느새 잎이 제법 자랐습니다

사랑하는 당신
숫자 40을 세는 데는
잠깐이었습니다
행복한 세월이었습니다

행복이라는 것이 별건가요
하하 웃으면서
큰 소리치면서
밥 먹으면서
싸우면서
흘러가는 일상이

뭔가 모르는 기쁨이
가슴 속을 일렁입니다
내겐 행복이었습니다.

—〈40주년 결혼기념일〉 전문

아침 8시
드라마 보는 시간
그때쯤이면
전화벨이 울리고
사랑하는 어부인
당신 사랑해요

나두우, 하며
시큰둥하게

대답하는 나

그래도
또 전화벨이 울리고
어부인 사랑합니다

쓸데없이 전화비
많이 나온다고
끊으라고 소리치지만

언제나
당신의 목소리
기다려집니다.

—〈우린 이렇게 삽니다〉 전문

이것이 김문자 시인의 일상이지만, 그가 구현하면서 이룩한 사랑학이다. 부부의 사랑은 가정의 화평뿐만 아니라, 삶의 축을 형성하는 요체가 된다. 그는 이러한 현실적 감응에서 정서의 중심을 정립하였기에 그의 시적 사유는 안온하고 평화롭다. 그가 구가하는 부부애가 바로 삶에 대한 애착이며 이는 존재의 가치를 투영(投影)하는 인본주의의 실현이다.

그는 지금 행복을 만끽(滿喫)하고 있다. 이러한 정황들이 시적으로 형상화할 수 있다는 것은 그가 일상에서 탐색하는 사랑의 순수가 얼마나 진지한가를 예감하게 한다. 이것이 시적 공감을 획득하는 소박한 심성 내면에 흐르는 그의 진실이라고 할 수 있다.

그는 다시 '40년이 지난 지금 / (사랑해)[3] 세제곱으로 / 비행기 접어 / 날려 보냅니다(〈사랑해 제곱으로〉 중에서)'거나 '난 이미 당신이 약속한 / 꽃방석에 / 앉았기 때문입니다(〈당신과 나〉 중에서)', '남편의 마음을 물랐습니다 / 아내에게 자주 전화하는 심정을(〈지금 전화 없음〉 중에서)' 등의 어조에서 우리는 부부 사랑을 통하여 행복을 찾는 그의 심저(心底)를 이해할 수 있게 된다.

우리는 대철학자 소크라테스가 한 말을 기억하고 있다. 행복을 자기 자신 이외의 것에서 발견하려고 하는 사람은 잘못된 것이다. 현재의 생활 또는 미래의 생활 그 어느 것에 있어서나 자기 자신에게서 찾아야 한다는 언지가 김문자 시인에게서 아주 적절한 표현이며 그의 진실이라고 할 수 있을 것이다.

현대의 서정시는 본래 인간의 정을 그 근원으로 하고 있다. 순박하면서도 끈끈한 정이야말로 우리들의 본성이며 살펴 지켜야 할 도리이다. 우리는 흔히 말하는 인본주의가 그렇다. 시가 존재의 가치를 추구하고 인생관을 탐색하는 일이 그 위의(威儀)라면 자신의 성찰과 인식을 통해서 정이 넘치는 인간관계를 표현해야 마땅할 것이다.

3. 가족들에게 보내는 찬가

또한 김문자 시인은 가족들과의 상관관계를 노래하는 특징이 있다. 어찌 보면 이것도 하나의 행복찾기의 단계인지도 모른다. 그는 '아버지'에 대한 회상을 통해 과거로 회귀하여 추억을 되뇌이는가 하면, 현재의 '손자'에게도 많은 애정을 할애하여 찬가를 소리 높여 부르고 있다.

수박을
반의반을 잘라
통째로 드셨고
일부러 길가의 할머니한테
물건 사시던 아버지

어렸을 땐 어려웠던 아버지가
점점 자라서는 가까웠던 아버지
정말 멋스럽고 속 깊은
아버지셨다

아버지의 반의반만 닮았어도….

—〈아버지〉 중에서

우선 '아버지'에 대한 상념은 잊혀지질 않는다. '아버지의 반의반만 닮았어도…' 하고 뉘우치는 역력한 회상의 미를 읽을 수 있다. 그는 언제 '내 나이보다 / 훨씬 전에 가신 / 아버지'를 그리워하고 있어서 인간의 보편적 정서를 작품으로 승화하여 진한 감동을 적시하고 있다.

그는 또한 설악산 수학여행 가서 사온 커다란 수건을 아버지가 자기의 선물인 줄 알고 서랍에 넣었으나 '아버지 선물 아니에요' 하고 다시 꺼낸 일이 지금도 '섭섭했을 그 마음을' 헤아리면서 '나는 참 무딘 딸'이라고 자책하고 있어서 부녀간의 정도 얼마나 중요한 삶의 구도인가를 음미하고 있다.

이와 같은 작품은 〈그 전엔 몰랐습니다〉, 〈부모님〉 등에서 진지하게 표현하고 있어서 우리들의 공감을 이끌고 있다.

몇 살?
손가락 두 개
오무린다

엉덩이를 툭툭 치며
이렇게 예쁜 아기
어디서 왔지?

하늘에서 뚝,
땅에서 쏘—옥

이렇게 예쁜 아기
어디서 왔지?

귀찮은 아기
손가락으로
하늘 한 번
땅 한 번.

—〈손자〉 전문

그렇다. '손자와의 정감은 순정적이다. 동심으로 돌아가 동심의 세계를 공유하고 있다. 이러한 일들이 김문자 시인에게는 일상이 되었다. 할머니와 손자의 순정적 대화나 놀이는 더욱 가족애를 돈독하게 하는 매체가 된다.

그는 이와 같이 가족 중에도 손자와 연관된 작품에 심혈을 기울이고 있는데, 이는 그가 보편적인 삶에서 생명 존중의 의미를 되새기는 인륜적 사유가 형상화하는 과정이다. 그에게는 실명으로 거론한 '민기'나 '홍이' 등은 '귀여운 놈'일 수밖에 없을 것이다.

또한 멀리 떨어져 살고 있는 '아기'에 대한 보고픔이 '아빠 닮았을까 / 엄마 닮았을까 / 누나 모습 닮았을까 / 누구 닮았을까 // 멀리 있는 아기 / 곧 이메일 사진 올텐데도 / 아기 모습 궁금해 / 마냥 그려 봅니다(〈누구 닮았을까〉 전문)'라는 어조가 그의 심경을 잘 표현하고 있다.

이러한 작품은 〈눈높이〉, 〈자장가〉, 〈밤하늘 별 하나〉, 〈민기는 크고 있습니다〉, 〈할머니의 짝사랑〉, 〈노란 메모지〉, 〈귀여운 놈〉, 〈홍이의 눈물〉 등에서 손자 사랑의 정경(情景)을 적시하고 있어서 행복한 한 가정의 모습을 엿보는 것 같은 잔잔함이 돋보인다.

4. 서정적 자아와 시적 진실

김문자 시인은 어쩔 수 없는 서정 시인이다. 앞에서 본 바와 같이 가정과 인륜을 융합해서 인본주의의 근원을 탐색했다면 이제는 자연과의 대화를 놓치지 않는다. 시적 대상물인 자연과의 교감은 바로 인간의 정서에서 분사하는 이미지의 창출과 연관이 되기 때문이다.

나의 사랑하는 님아
라디오 속에서 흘러나오는

꽃다운 청춘을 부르는
무언의 외침이
궁궐 속의 그림자 되어
화려한 꽃으로 피어나리.

—〈나라꽃 무궁화〉 전문

꽃대 하나 쑥 올라와
흰 꽃 나팔나리 네 송이
머리 위에 앉았는데

나팔나리 나리꽃
옛날 전축 확성기 모양
꼭 닮았어요

나팔나리
사방으로 확성기 틀어 놓고
나비들아, 모두 놀러와

흰나리
모여 드는 것 보니
나팔나리 나리꽃
성능 좋은 스피커
맞는 모양이네요.

—〈나팔나리꽃 향기〉 전문

그는 우선 식물들의 자태나 향기에 심취해 있다. 이처럼 서정적 자연관은 꽃들의 향기만큼 아름다운 심성의 현현(顯現)이라고 할 수 있다. 우선 '무궁화'나 '나팔나리꽃'은 그 이미지보다는 시각적 측면에서 관조하는 쪽이지만, 이러한 작은 하나의 꽃에서 자아를 투사(投射)하여 담백한 어조로 형상화하고 있다.

일찍이 파스칼이 「팡세」에서 '자연은 그 모든 진리를 각각 그 자신 속에 간직하고 있다. 우리들의 기교는 그들의 한쪽을 다른 한쪽으로 가두어 두려고 한다. 그러나 그것은 자연적이 아니다.'라고 한 말을 상기한다면, 김문자 시인의 내면 의식에는 자연의 진실이 곧 인간의 진실이라는 공감을 분사하고 있다.

이러한 자연의 형상화는 김문자 시인의 서정성과 일치한다. 그가 인성 중심의 시정신이 바로 자연과 교감하면서 형성된 시적 원류에는 자애(自愛)와 더불어 순응의 미학도 읽을 수 있게 하고 있다.

그는 '햇볕 뜨거운 나른한 오후 / 등나무 아래 앉아 / 세수대야에 찬물 가득 부어 / 두 발을 담그고 / 지그시 눈을 감습니다 / 바람이 살랑살랑 부니 / 잠이 스르르 옵니다 / 여학생 시절 / 학교에서 돌아온 / 여름날 오후의 일과였습니다(〈등나무 아래 앉아〉 전문)'는 어조와 같이 유유자적의 관조가 체질화한 듯 안온한 서정의 세계를 갈구하면서 평범성을 잃지 않고 있다.

무궁화 꽃 활짝 핀
이랑 사이로
빨갛게 익은 토마토
얼굴 내밀고
고추밭 사이로

가지 몇 개 손 내민다
줄 타고 올라간
꼬부라진 오이 사이로
무궁화 꽃 활짝
다시 자태 뽐내니
밭이랑 사이사이마다
행복이 넘실거린다.

—〈행복 · 2〉 전문

김문자 시인의 '행복'은 멀리 있지 않다. '무궁화꽃'이 핀 '밭이랑 사이사이'에서 '토마토', '고추', '가지', '오이' 등과의 친화에서 무한한 '행복'을 탐색하고 있다. 이처럼 그는 '두메부추'나 '콩나물', '애기똥풀', '귀뚜라미'와 같은 주변의 사소한 사물에서까지 자신과 교감을 시도하고 시적 형상화를 시도하고 있다.

그러나 그의 직감적 단순한 표현의 시에 비해서 다른 '시인의 시'는 약간 어렵다는 진솔한 표현으로 보아서 고차원의 상징이나 이미지 그리고 은유적(隱喩的) 언어의 구사와 그에 따른 시적 구도는 부정적 견해를 표명하고 있다.

이는 고급한 시보다는 대중적인 보편성으로 독자와 함께 읽히는 시를 강조하고 있다.

그는 〈시인의 시〉에서 '시인들의 시는 어려워야 하는가 // 의미를 깨달으려면 / 나는 몇 번이고 / 읽어야 된다 // 해설을 읽고 나서야 / 아 이런 의미였구나 // 나만일까 / 어려워하는 것은 // 평범한 사람이 / 쉽게 이해할 수 없다면 // 시인들만의 시가 아닐까'라고 단정함으로써 시의 난해성을 꼬집기도 한다.

이러한 시적 정황과 김문자 시인의 시적 진실 사이에는 현대시에서 추구하는 다양한 시적 경향에서 빚어진 견해의 차이이다.

일반적 서정시에 비해서 이미지즘(imageism) 시, 또는 주지주의(主知主義) 시들은 관념 형태나 의식의 형태가 마음의 상(像)으로 전환하는 취향의 작품들이 많이 나타남으로 해서 생긴 경향이므로 크게 염려할 것은 아니다.

다만, 현대시의 위의(威儀)나 본령(本領)은 보편성을 초월하는 상상의 세계가 주를 이루고 있다는 점이다. 이러한 구도에서 인륜이나 자연을 주제로 승화하는 것이 바로 시라는 것이 강조될 뿐이다. 그것이 시인의 진실로 표현될 때 우리는 좋은 시라고 할 수 있을 것이다.

후기

첫 시집(詩集) 「릴 · 킴의 꽃방석」을 상재(上梓)함에 있어 편의상 1편, 2편··· 등으로 나누었을 뿐 별다른 의미는 없다.

구태여 의의를 부여하자면 등단 후 지금까지 유수(有數)의 문학지 중 그 하나인 월간 「한맥문학」, 격월간 「문예비전」 · 「좋은 문학」 그리고 계간 「문학사계」 · 「문학미디어」 · 「문학과 현실」 · 「한국작가」 · 「서울문학」 · 「문학예술」 · 「아동문학연구」 등에 발표한 작품으로 꾸며 보았다.

아울러 자서(自序)에서 밝혔듯이 손자들의 재롱을 지켜보면서··· 동시(童詩)의 형태를 빌어 있는 그대로를 솔직담백하게 옮겼다.

2008년, 결혼 40주년에 때맞추어 펴내는 이 첫 시집의 제목을 「릴 · 킴의 꽃방석」이라 하는 진의(眞意)도 한결 같은 사랑과 존경, 가없는 신뢰를 한층 다독이고자 함이다.

거듭 설명하자면 사랑하는 남편(심경구, 성균관대 명예교수 · 무궁화와 나리연구소 대표)이 육종개량(育種改良)한 '안동무궁화'가 우리나라 국화(國花)인 무궁화로서는 처음으로 미국, 캐나다에 특허출원되었으며, 상품명 'LiL Kim'으로 명명(命名)되어 미국, 캐나다 현지에서 로열티를 받고 인기 절찬리에 아마존통신 판매로도 보급되고 있다.

뿐만 아니라, 여름철 꽃으로서는 세계 유명 화훼 · 육종학자들이 주저 없이 첫 번째로 손꼽는 우리나라 '무궁화'의 진가를 한층 돋보이게 하는 계기마저 이 'LiL Kim'이 만들어 가고 있음은 정말 자랑스럽다.

이러한 맥락(脈絡)에서 첫 시집의 제목을 감히 「릴 · 킴의 꽃방석」이라 어찌 아니할 것인가.

특히 저의 졸시(拙詩)에 기꺼이 해설을 하심으로 숱한 모자람을 단단히 보충해 주신 한국문인협회 시분과회장 김송배 시인님께 고마움을 잊지 않는다.

첫 시집 「릴 · 킴의 꽃방석」을 펴냄에 있어 열정과 용기를 심어준 남편, 첫째 아들 현식 내외, 둘째 아들 정식 내외, 첫째 손자 영호, 둘째 손자 민기, 손녀 Teri(태희), 셋째 손자 Alex(태호)와 저를 아는 모든 분에게 무한한 애정과 기쁨을 함께 나누고자 한다.

김문자 첫시집 릴 · 킴의 꽃방석

초판 1쇄 발행 · 2009년 1월 30일
초판 2쇄 발행 · 2018년 3월 20일

지은이 · 김 문 자
펴낸이 · 윤 영 희

펴낸곳 · 동행
등록번호 · 제2-4991호
서울시 중구 을지로14길 16-11(2F)
편집부 · (02) 2285-0711
영업부 · (02) 2285-2734
팩 스 · (02) 338-2722
이메일 · gongamsa@hanmail.net

값 10,000원